Enikő Burján Gál

A Lélek párbeszéde

Enikő Burján Gál

A Lélek párbeszéde

Versek, rajzok és festmények

Blessed Hope Publishing

Imprint

Any brand names and product names mentioned in this book are subject to trademark, brand or patent protection and are trademarks or registered trademarks of their respective holders. The use of brand names, product names, common names, trade names, product descriptions etc. even without a particular marking in this work is in no way to be construed to mean that such names may be regarded as unrestricted in respect of trademark and brand protection legislation and could thus be used by anyone.

Cover image: www.ingimage.com

Publisher:
Blessed Hope Publishing is a trademark of
 Dodo Books Indian Ocean Ltd., member of the OmniScriptum S.R.L Publishing group
str. A.Russo 15, of. 61, Chisinau-2068, Republic of Moldova Europe
Printed at: see last page
ISBN: 978-3-639-50994-6

Tartalomjegyzék

Burján Gál Enikő

A lélek párbeszéde

Versek, rajzok és festmények

A lélek hangja

Mit mondok Istennek, ha meghalok
és körülvesznek a bűntelen angyalok?
Hogy a mennyországvágyú reggelem
fényében gyűlölet nem terem?

Jönnének bár az űr-igaz versek
bearanyozni a türkiznap-percet
túlvilág ragyogjon a festményeken
imádkozni tanítson az énekem

Gyémántlélekké csiszolt erények
váljanak valóra a remények
Csak éljem le tisztán az életet
segíts megérteni a képletet

Küldetésem hogy beteljesítsem
és magához fogadjon az Isten
és addig is mindenben segítsen
Mit mondok neked halálom után?
Segíts a fényre, ne éljek bután!

Vágy

A vágyak halmazállapotai törékenyek
bennük gyulladnak fénnyé az álmok
jövő arcú olvadt mosolyban állok
lépteimmel Isten köréd megyek

Kit hajnal tépett tűztollú est vert
élet vizén egyre vitorlázom
de gyakorlat szüli a mestert
úgyhogy nem parázom ha elázom

Csináltam pár hosszú hülyeséget
láttad Uram gyógyíts meg magaddal
éterszínű imám eget éget
űrhomlokú csendemben szavad dal
védj meg Uram gyógyíts meg magaddal

Éjszakai növények temploma

Jönnek a növények lángoló fénnyel
és ezüstvirágok sima tüskéitől
kifakadnak az emlékek
építik körénk a nemlétet
Kavargó emberek zuhataga omlik
nagyváros utcáiba bársonyodó hajnal üzeni:
az állomás neve Föld volt
egy álombeli őserdő első esőcseppje:
Hallom csillagok csillogó csipogását

Legyél hogy legyek

Éter partján legyek csended
vagy szemedben látóideg
s hegyek válla hozzád enged
pupillád sötétje hideg

Mozdulatomban légy erő
gondolat ha szét is szakad
a valóság tükrén merő
játék hogy most látod magad

Csontjaim körül légy izom
vagy sejtmag a sejtjeimben
míg lét puha vérét iszom
szüljél újra mindig engem

Szüljél újra száz alakban
ezer arcom téged lásson
s őrizd minden pillanatban
percenkénti osztódásom

Világ folyik ereimben
fehér mint párnán a reggel
Te legyél ki elvisz innen
ölj meg örök szeretettel

Útban a jövőbe

Mitesszerek gyúlnak a vágyak homlokán
lehamvasztják őket csillagnyi remények
csak a kételkedést rúgjam egyszer bokán
hogy áthasítsanak az angyali fények

Útban a jövőbe páros lábbal lépek
múltamból integet egy ünnepnyi csoda
mellém kondorodnak optimista képek
hogy a valósághoz találjak már oda

célhoz érek utam kikövezve
Soha többé nem leszek elveszve

Te voltam

A bölcsesség gyöngysora pihent a nyakadon
örök erő lángja izzik a szemedben
csodák ültek melléd kávézni a padon
és ők se tudnának emlékezni szebben
rád ebben a furcsa téli kikeletben

Te voltam akkor én magam voltál nagyon
eltévedt varázslat borított be téged
az a régi éned bennem most egy vagyon
mert a régi varázs onnan ide téved

B idő

Úgy indulok útnak
hátamon a végtelennel
mint a B idővel fényképezett táj
alattam a hajnal görbül
állok az ég fehér sarkán
ahol csillagok gurulnak
Görbülök én is
mint a hajnallá avatott táj
lábamnál a két kis fénylő ezres a hold
előttünk kacsintgat az üvegszerelem
Állok arccal a jövő felé
mint a B idővel fényképezett táj
állok a végtelen sarkainál
mert melletted a helyem

Az imaszárnyú nő

Emlékeiből feltámad
az imaszárnyú nő
lepereg róla a bánat
őscsendből kinő
szeme gondolatod látja
halva született a bátyja
nem szégyen ha volt kudarca
ezer évig fénylik arca

A megtisztuló megtisztelő

Vannak akik néznek téged
és vannak akik látnak
Isten kertjében a fák közt
víz sima tükrén a mának
hold ezüst angyalok járnak

Te is angyal vagy a lét nem téved
hiába bántottak téged
fehér erő fény mágnesét
tenyeredbe méred
a tisztánlátást kéred
visszafele folyik a véred
jönnek a fények
és jönnek az álmok
jönnek a rohanó másvilágok
jönnek a férgek
és jönnek a számok
jönnek a rothadó hársvirágok

Ott sétálsz az éden réten
ahová vágytál már régen
elindulsz a révületbe
az éter tág terében
szemed a távolba réved
visszafele folyik a véred

jönnek a fények
és jönnek a lények
de nem tudod mi a lényeg
jönnek a férgek
és jönnek a mérgek
lezuhannak az árak
jönnek az álmok
és jönnek az árnyak
kirobbannak a szárnyak
Ott sétálsz az éden réten
amire vágytál már régen

sakktábla városban szárnyalsz fent a
Blaha Lujza téren
jönnek a fények
és jönnek az álmok
jönnek a rohanó másvilágok
jönnek a lények
és jönnek a lányok
a fellegekben járok

Vannak akik néznek téged
és vannak akik látnak
látó meződben a széles téren
arany tükrén a mának
átlátszó angyalok járnak
Sakktábla város színpadán jársz
és engem is ott találsz
templomi titokban énekli a nagy
Ha Ha Ha Ha Halász
jönnek a rímek
és jönnek a rémek
jönnek a színek
a reggelt éld meg

Varázs város éjjelében
csend ezüst angyalok járnak
szegletén a mának
mintha arca nőne a fának
Vannak akik néznek téged
és vannak akik látnak
éjjel a téren figyeld ahogy a
Holdarany rétjén a mának
suttogó angyalok járnak
Te is angyal vagy a lét nem téved
hiába bántottak téged
felébredt már az éned
a tisztánlátást kéred
ma sámánná avatnak téged
visszafele folyik a véred

Találj vissza önmagadhoz
erről szólnak a színek
jobb lábbal lépj a mennyországba
erről szólnak a rímek
hiába jönnek a lények
összpontosíts Isten a lényeg
erről szól ez az ének

Sűrített levegő

Sűrített levegő aktivált fájdalom
vízezüst félelem hold-magas szárnyakon
langyos a szeretet puha hullámokon
körbevonz ezer víz harmata lábnyomom
életre kél a nap árnyéka lágy poron
kihasadt létburok harmata zseni agy
atomok sikolya lüktet a lét kihagy
ha a tér meghasadt tudni fogod ki vagy
Nincs bennem félelem nincs bennem fájdalom
vízmagas réteken nincs többé bántalom
szálljon a szerelem szálljon a szálakon
színezüst fényeken szárnyaddá átadom
Fájdalom réteken nincs többé bántalom
bánaton lépdelek kincseddé átadom
lélegzet vételek mantráján száll dalom
lelkedhez tévedek nincs többé ártalom
szálljon a szerelem angyali szárnyakon
szálljon a szerelem szárnyaddá átadom
fájdalom rétegem leválik pontosan
kikacsint életem nem értik oly sokan
nem értik oly sokan mesévé tömörült
királyágunk kora nem értik oly sokan
Szálljon a szerelem vízezüst szárnyakon
szavak fonalán szőtt Igazság gyöngy atom
szálljon a szerelem szárnyaddá átadom
mesévé tömörült varázslat ostora
bezártak évekig dübörög kint dalom
nem értik oly sokan igazság kín atom
lelked egy mély szoba tévednék én oda

biztonság meleget áraszt a szeretet
királyságunk kora fényes önismeret
elértem túl tova imádd az Istened
Lüktető sikolyok harmata nyugtató
kihasadt létburok lépcsőin én futok
Nem értik oly sokan mindazt mit én tudok

Holdfényszonáta

Hullámzó szelíd tejsugár ragyog
a levegőmély éjjeli csöndben
A legfeketébb fehér ég vagyok
a szív mögött alvó ősörömben

Egyre lejjebb így kúszom magamban
ecsetvonások vihara kiált ott
hallgatsz bennem egyre hangosabban
akkordod ölén nyugalmat találok

Húrhosszú vékony fájdalom e dal
zongorabillentyűk lelke lebben
szó nélküli öreg vad mondattal
űzöl engem egyre sebesebben

Mondaterdőbe vonz lüktet a csended
behunyt szemű rezgő fák sűrűjébe
szakadékzöld magány oda enged
ahol kövek folynak langyos égbe

Ringatsz ahogy élet ringatott rég
születésem előtti mélységek
hangján simítod bőrömre az ég
gondolatát s én színekké égek

Testem szorítsd még fekete akkord
vizek hulláma halált szül bennem
szelíden boríts be nemléttel szórd
szemembe Holdad engedj Zene lennem

Modern zseni

Aki az égen meghámozza a napot
annak a sötétség tenyerében ég el
az a csodákból is nagy szeletet kapott
végtelen lelkében ott lakik az éter

Aki a szélből is felhőpárnát formál
annak derűs álma angyalokhoz vezet
elméje fényesebb minden letűnt kornál
azzal az Isten barátsággal fog kezet

Végtel*end*

évmilliókig várnék rád
hogy egy percig is láthassalak téged
és az a pillanat végtelen
amíg a tekinteted sugarában élek

egyetlen biztos pont a földön
ahonnan a te szemedbe nézek
és hálát adok az istennek a helyért
ahol leborulhatok imádkozni érted
mert nincsen fontosabb dolgom itt a földön
mint imádni az istent és szeretni téged

"*az univerzum egy ponton belül elfér
és az a pont szűkebb mint az univerzum*"*

(*Popper Péter)

Elmém erdejében

Elmém erdejében fénnyel beszélgetnek a tuják
ha kinyitják álmaim az olvadt csodák kapuját
varázsvállú alkony rám hajol rózsaszín ruhában
elhalványul az idő és titokba ér a lábam

Beljebb barangolva már az ég-tisztásra érek el
ahol egy mesényi tündér világítva énekel
gömbölyű dallamok szélén táncolnak a koboldok
remény ízű teát iszom hogy legyél ilyen boldog

te is ha e versbe tévedsz a csodák kapuján túl
itt már minden lehetséges tudatod egyre tágul
megtisztított ősi csendbe érkezzen gondolatod
elmém erdejében talán ezt a sort is folytatod

A látnok meséje

Mélytengeri álom hullámhosszán
csend-sima angyal jött el hozzám.
Átlátszó fény-puha hangja
éjféli titkok harangja.

Súgja a hajnali álmot,
vigyázz: a dzsinn szava álnok.
Pupillányi tisztáson állok,
jönnek a percnyi halálok.

Nemlétbe burkolózó némasággal,
kobold sűrű éjjeli ággal
simogat a varázserdő.
Zeneréten eltekergő

virágmanók táncát lejtve
valóságot elfelejtve
örvendek a csillagtónak
felhőmosoly biztatónak.

Angyalsúlyú homályt látok
mondja magában a látnok.
Álombéli jó barátok,
felébredtem. Hulljon rátok
varázserdei imátok!

2015.01.17

Stigmata álom

Napokig nem volt
nyitva a mennybolt
Imamély tokban
Űri titokban
egy lelkes folt
voltam
Napokig nem volt
nyitva a mennybolt
gyerekkor szennyfolt
eltávozóban
a megváltozó zóna a szóban
veszélyes tényező
elér a fénymező
Űr ima mély kulcs
Száll a habokban
Tőröm egy emlék
szárnya ma robban
Fehér fa-tokban
fehérmágia pillanatában
Holdpuha szél jár vízfehér ágban
Isten a társam
Mennyország kése felvágja húsod
vérző titokban
fehér habokban
fény zene robban
most ez a jussod
Túlvilág kapuján fordítsd a kulcsod
kíváncsi nyílás figyeli arcod
lelkednyi sírás folytasd a harcot
mert ma vár a
halál evő kanál vára
ős emlék áruháza
fénymagzatokban
anyaméh tokban
fehér fa csobban
mély darabokban

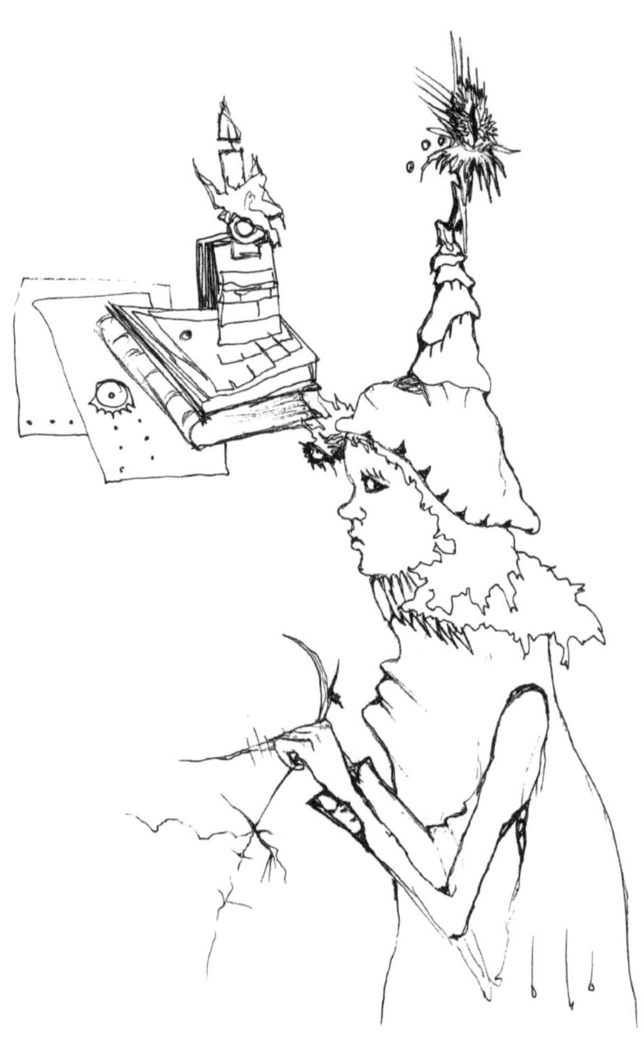

mennyei fokban
mennyország kése felvágja húsod
vérző titokban
fehér habokban
mély zene robban
a kígyó farokban
most ez a jussod
Mennyország kése
imafény rése
ős tudás robban
kígyó farokban
éles a késem
fényes egészen
átjut a napfény
egy emberi résen
Üvölt az őscsend száll fel a pára
talán már ennyi elég volt mára
Űr ima mély kulcs
szárnya ma robban
Nézz le a földre
Űr ima tiszta
nézz fel az égre
és gyere vissza
legyél majd készen
fényes a késem
átjut a napfény
egy angyali résen
Üvölt az őscsend
hallgat a várrom
rét-zuhanásom
halálig ásom
Úr ima mély csönd

Gyerekdal az éterből

Kinn ülök a játszótéren
Olyan közel jár az éden
Gömbmeleg gőz sűrűjében
százhatárvíz dús ölében
szunnyadoztam ezer éven
Csillag világ ezerében
Lélegzetnyi lebegésben
Oda várom születésem

Ez egy mély transz

mese réten
jártam éppen
kacsintgat a
hold az égen
ima eső száll az éjben
a koboldok énekében
fekete könny muzsikál
olyan közel a halál
harmat kapun a madár
ablak szemén hazavár
ez egy mély transz
maradéka
fellegekbe
megy a létra
imavári imapálya
imakulcs az ima zára
ki lakik a
meseföldön
kilapítva
imazöldön?
mit lehet kapni a mennyboltban?
meseréti szuahéli
indiános ima város
partjainál eső szálldos
ez egy mély transz

hasadéka
lépj be a mély
hasadékba
ez egy álom
maradéka
fellegekbe megy a létra
imavári ima pálya
imakulcs az ima zára
mély sötétben
vár az éden
harmathosszú ima résen
Istenbe lépj imakészen
fénymagas pár ima kézen
fohászhosszú életszárnyon
falatozzunk imatájon
szárnyaljunk át a halálon
azt a halált most is várom
éden tiszta sima tájon
éber tiszta ébrenlétben
keringenék imaégen
űr-meleg emlék
méhében nemlét
tavakra lelnék
mindenhol a világ piszka
menekülnék oda vissza
ima tiszta hasadékba
oda visz az imalétra
ez egy mély transz
maradéka

2012.06.03

Aranyváros balladája

Aranyváros tág terében
magzatot szül most az éden
fehér sólyom száll az égen
fehér szárnyát látom éppen
most süvített át a réten
aranytojást tojt a héten
angyal fénye lát szemében
aranyfényű szellemében
süvítve robban az éden

mereven néz át a képen
eldalolom mindenképpen

fehér szellőn szállok éppen
sólyom szemem lát a mélyben
ott süvítek át az éjben
ima negyed sűrűjében

lelkem átszállt át a fényen
süvítve robban az éden
szétroppanok fent az égen

alagúton át a résen
átjutottam jégverésen
átjutottam kőesésen
nem találtam vigaszt mégsem
és nem állok naprakészen

Aranyváros tág terében
ott alszom a fény tenyérben
homlokom egy fél kenyérben
átálmodja magát ébren
át a téren bűvös térben
át a résen jégverésen

Felhő vári jégesőben
szeplőtlenül bőrig ázni
fagyott magzatokat fázni
Gyémánt réten ég lesőben
szellő dalát furulyázni
most úgy jöhet jöhet bármi
most úgy jöhet jöhet bármi

Felhő szőnyegeken járni
felhő fehér fényre szállni
fehér esőn bőrig ázni
fehér szellőn szaladgálni
felhő párnán álmot hálni
felhő fotelekben várni
most úgy jöhet jöhet bármi
most úgy jöhet jöhet bármi

virág vári jég lesőben
nem maradhatsz most esőtlen
virág esőben beszélni
szilánk talajon zenélni
szirmok között jól beszívni
halhatatlan hadat vívni
élni élni élni élni

szellő szívébe beszélni
bűvös büfébe betérni
gondolat szelébe tépni
álomcsend levébe lépni
most csak ennyit ennyit égni
most csak ennyit ennyit égni

Utca sarok fordulója
eső harang kondulója
lélegzetek kondulója
visszafele jár az óra

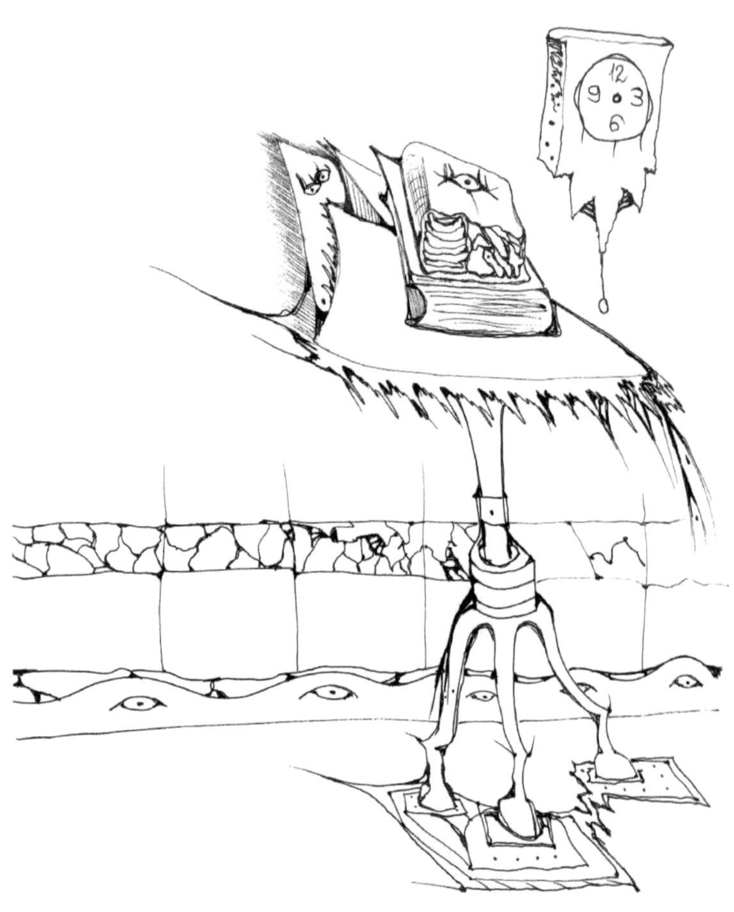

lát az óra járj a jóra
varázsvilágok tudója
hangvilágok megállója
esőre áll már az óra

kitisztult az éles szemem
márvány esős veszedelem
így bánni nem lehet velem

Márvány-vári jég motelben
márvány asszony szeme lebben
ő dalolja ügyesebben
márvány szavakkal beszélni
márvány zongorán zenélni
márvány szavakkal beszélni

Márvány füstöt jól beszívni
felhő szőnyegeken járni
felhő fehér fényre szállni
felhő fehér fénnyé válni
most úgy jöhet jöhet bármi
most úgy jöhet jöhet bármi

Virág-vári ég esőben
nem maradhatsz most esőtlen

felhő párnán vígan hálni
felhők között égre várni
felhő imát mondogálni
felhő fehér fénnyé válni
most úgy jöhet jöhet bármi

szótlanul a szóra várni
vigasztalást megtalálni
most már jöhet jöhet bármi

Aranyváros tág terében
megmozdult bennem az éden
fehér sólyom száll az égen
most süvített át a réten
nem láttam már nagyon régen

mereven néz rám a képen
eldalolom mindenképpen
sólyom szemem lát a mélyben
felhővári végveszélyben
ott süvítek át az éjben

átdalolom magam ébren

Varázs utcák fordulója
visszafele jár az óra
ne térjetek nyugovóra
ne térjetek nyugovóra

hajlítható csoda világ
húzódik a partjain át
most mormolj egy Isten imát
és csak Istent Istent imádd

szellem-füstben égig szállni
ezüst angyalokra várni

szél-esőben széllé válni
jég-esőben jéggé fázni
ég-lesőben égig állni
fény-esőben fénnyé válni

Virág lesőben beszélni
szilánk talaján zenélni
szirmok között jól beszívni
harmat esőt zölden inni

Felhő vári ég-esőben
szeplőtlenül bőrig ázni
befagyott tavakon fázni
szellem szellőt furulyázni

negyedévnyi meredélyben
szellem-szellőt furulyázni
most lehet életre várni
most már jöhet jöhet bármi

szellő szívébe beszívni
gondolat szelébe tépni
ezüst esőben beszélni
élni élni élni élni

harmat hangját egyre inni
csapadékot fentről inni

harmat manót messze vinni
bűvös büfébe betérni
élni élni élni élni

hajlítható csoda világ
most úszom a partjain át
most kéne mormolni imát
hogy csak Istent Istent imádd

ma nagyon beszálltam
nem leszek hazátlan
de legyek felhőtlen
ha egyszer felnőttem
Fénymanónak szeme lebben
ott alszik a tenyeredben
ott eszik a kenyeredben
levegő dalába lebben
lova eltűnt a nyeregben

Bűvös büfébe betérni
szél szavába jól beszélni

ezüst mormolás falója
nyalókányi nyaralója

Coca Cola dobogója
varázs-város fény-lakója
titok tereknek tudója
fordítva jár minden óra
sose térj itt nyugovóra

csoda kapu tágulóra
utca sarok fordulóra

varázs világ árulója
sokat hallottam már róla
rátekint egy fény-falóra
s ráesik egy fél falóra
nem is mozdult meg azóta

csoda kapu tágulója
varázs világ árulója
felültetem rapid lóra
elküldöm őt nyugovóra
vonat vigye fordulóra
elteszem őt uzsonnára
rátukmálom Zsuzsannára

szellem szellőt kibélelnék
csoda erdőt kibérelnék
varázs világ fény tudója
titok kapu nyitva tárva
de egy árnyék ma bezárta
erővel fordulj a zárra
fehér szőnyeg kellőn várja
hogy borulj imával rája

ima kulcsa zárban siklik
ez egy földöntúli piknik
ima szőnyeg ketté nyílik
tisztítsd ki magad a szívig
tartsd ébren magad a sírig

felhő fehér ima szőnyeg
partjainál álmot szőnek
innovatív lassú szörnyek

izom nadrág izom kabát
fájdalom ing ezüst karát
hajnalomban bent tartottam
Ezüst szirom a füst szagát
Fehér Marlboro kikelet
újra ásítom a szelet
újra tágítom a teret
most már jöhet aki szeret
arany szemed most megeredt
fehérre fújjad a szelet
aki szeret így is szeret
aki mehet így is mehet

Tág szobának táltos mélyén
éter lüktetések éjén
első álom légy ma enyém
lassan pihenj ne légy kemény
tiszta szemű fehér legény

ezüst vérem kiabálom
ki az éber ki az álom?
ezüst réten kitalálom
kitalálom ki a párom

Felhő-vári ég motelben
titokzatos szeme rebben
szitok manók szívesebben
öltöznének színesebben
fürödnének vizesebben
ott esznek a tenyeredben
ott alszanak kenyeredben
ott játszanak kikeletben
lovuk eltűnt a nyeregben

szellem-eső harmatában
száll a szólam harmadában
szellem-ajtó nyitogató
szellem-lejtő nyikorgató
szellem-erdő írogató
szellem-szellő szívogató

fehér manó simogató
ész-veszejtő riogató
ég-veszejtő végveszélyben
légy ma résen kérlek szépen

szűk szobámnak tág a vége
tág végének nyílik vére

Hold utazás fedélzetén
felnőtt felhő kikeletén

eső-város légterében
sima tükör te légy enyém
ne légy kemény

elvarázsolt csodavilág
partjain a csoda brigád
zuhan eléd Istent imádd
akkor is ha most kiabál
mindenki rád

szűk szobámban világ vége
virág szélének az éle

Arany szemed most megeredt
fehéren fújjad a szelet
fehéren igyad az ered
aki szeret így is szeret
aki mehet így is mehet

szellem-eső permetezve
felhő-puskát rád szegezve
lágyan esik az ereszre
ne eressz be

feneketlen tónak mélye
szakadatlan szónak fénye
ráfordul a végveszélyre
ne figyelj rá csak az éjre
szellem ajtó nyitogató
szellem eső riogató

Arany város tág terében
ott szunnyad egy percnyi éden

nem alszom el végveszélyben
inkább alszom fél tenyérben
homlokom egy fél kenyéren
átálmodja magát ébren
végveszélynek közepében
bűvös térben
figyelj ébren

felhő-vári vég-veszélyben
fehér felhő sima szárnyán
ott úszik egy fehér márvány
alagútja a szivárvány
légy ma résen
ne az éjben
aludj mégsem
ezüst szellő angyalai
titok magoknak dalai

tükör égen szaladgálni
tükör résen szabotálni
most már jöhet jöhet bármi
szótlanul a szóra várni

Aranyváros édenében
fehér sólyom száll az égen
most száguldott át a résen
nem láttam már nagyon régen
mereven nézek a képen
révületbe estem éppen

fehér szellő tág szelében
sólyom-szemem lát a létben
most száguldok át a téren
Felhő téri aranyérem

Rég láttalak nagyon régen
ima-hosszú sima réten
ott süvítek át a téren
mind a kér szárnyam az éden

Anyunak

Mert neved a legősibb mesém
én Évám gyönyörű Emesém
verseid lágy függönyében
gyógyulok ha bánt az éden
kerek örömöm vagy kit annyiszor aláz itt
a lábadig érő világ lelkeden tanyázik
mindig verset írsz mikor világ hangja gátol
porelméjű emberek arctalan pofonától
szemed őszinte csillagtaván
megnyugszom meg egyetlen Édesanyám

Apunak

Kincsünk a sáros csend-utcákon ázik
míg főnökök büszke butasága lázit
de nem érik utol humorod sem Emil
ironikusabban róluk valóságot nem ír
Méter Baba Kézi Láb se Gé pont...
bábok között zseni csak a báboknak gond!

Atom

Agyad mélyén guruló szófoszlányok
gondolatsarok

kigondolás előtti állapotok
apró lélegzetvitele

Végtelen pillanatod vagyok

Az út szemedtől arcomig
arcomtól szájadig
szájadtól kezemig
kezemtől kezedig....

Végtelenül őrzött pillanatod vagyok
bőrömön egy könnycsepp atomjaira bomlik
Ez a csönded metafizikája

Agyadban térdeplő gondolat
szerelemdarabkák gurulnak idebent
Szemedben csilingelő táj fogad
gondolatom alján guggoló napsugár
szavaid után csörömpölő csend

Oázis

Azt a pillanatot ellopták az időről
ahol szempilla-vékony tájak járnak
ahová rezgő szirmú vágyak zárnak
lüktető séta egy vörös erdő-mélyre
füvek zenéje éget téged az éjre

A pihenés virágai

Virágok mosolyába léptem
egy mező-szép reggeli évben
s jövőmintás sisakom alatt
űr-imába lépnek a szavak

Társ

Tegnapodban járnak
szempilla vékony vágyak
s álomhideg függőágyak
fájnak búzabőrén a nyárnak

Alszom benned tengermélyen
s fájdalom-kék hullám-éjen
húsomba hasítva átlátszó tájak
csontomiglan csak engem látnak
s a zene lángoló sejtjeimre szárad

Ösvényeken bőgve az üvegfüst megreped
már magamba röpít a század
arcom a pillanat partjain lebeg
vérereim mélyét kúszom át veled

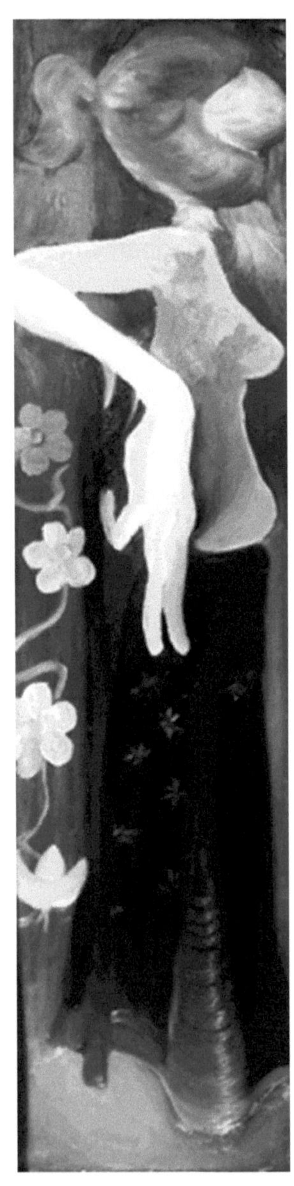

Szívem tavasz-dombja

A mélység zenéje csenget
belélegzem az Ős-csendet
álmaidban járok éjjel
magadhoz hívsz? szakítsd széjjel
távolságunk: Föld mágnesét
Tavaszdombról mondj egy mesét

város nő ki egy virágból
ide hipnotizállak A távol
lágy üvege széjjelszakad
először most legyél szabad

kinőtt Tavasz-domb szívedben?
minden ablak benne rebben
pulzusom szerinti jelben
ott vagyok már Izraelben

a házak egyre nőnek bennem
segíts az utcádba lennem
szirénaszó eső plakát...
érzem már hangod illatát

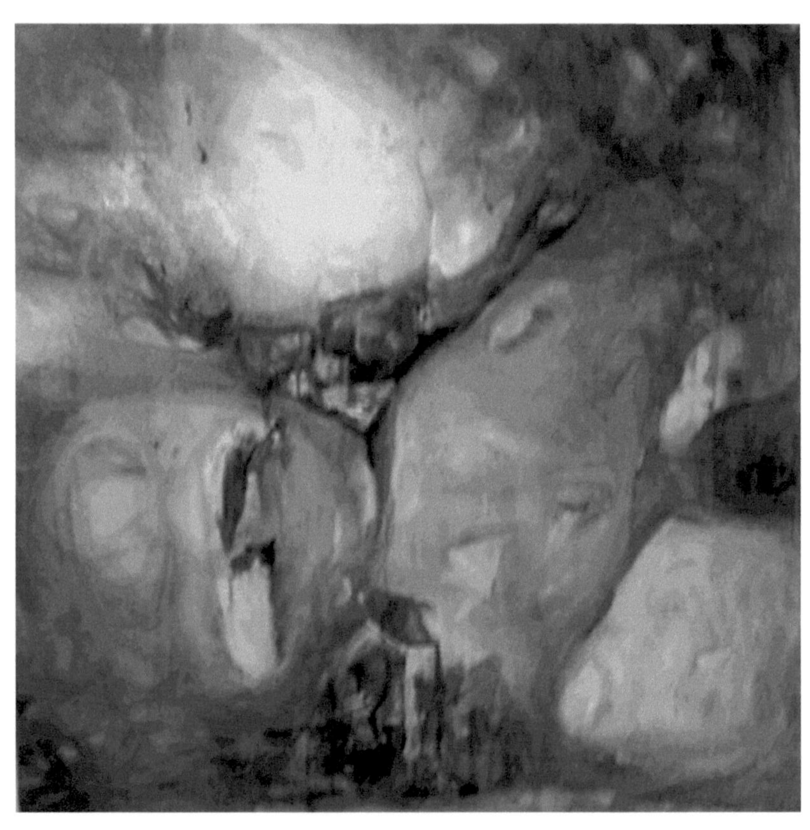

Telepátia

Hallom amit kigondolsz ébren
és félek hogy újra félsz
hozzád bújok a tarka csöndben
karomat edd ha enni kérsz

Gondolatunk kilép a térbe
világító mezőkön jár az ész
kering az ágyam körbe- körbe
rád találok ha ideérsz!

Állapot

Fáradtságtól ég vörösre éjjel a homlokom
cigivel füstölt ujjaim csüngenek álmokon
szájam és orrom határán ketyeg az éjszaka
szívem plakátján pók pihen- nem jöttél még haza

2006. március 26.

Fantáziatorta

Agyamban kinyitott
a gondolat egy ajtót
lapos hangú magány
sötét szele hajt ott

Hajtja az ébredést
ébredés az álmot
túlról a tévedés
beszedi a vámot

Csokorba fűzérbe
fonja a színeket
fantáziatorta
habján a rímeket

gyertyát gyújt az eső
vizével siratja
gyertyát gyújt az eső
éggel megitatja

Felhőpelyhes tavasz
virág-ásítások
korhadt fájú terasz
ablak-sóhajtások

cseppfolyós az égbolt
csorog pedig fáradt
magasan már rég volt
tenyeremre száradt

cseppfolyós az idő
bőröm issza sejtjét
csoda lóg ma rajtam
viselem keresztjét

2003. október

Biztonság

Mert hozzád írom minden versemet
s ha végül a magány eltemet
sohasem lesz nyaramból hideg tél
mert tudom hogy ismersz s megszerettél

A méhecske ha meghal egy virágon...
Vigyázol rám a túlvilágon?
Ráncaid közt egy barna rögben
Hiszek az útban, az örökben
Lélegzetem ha hófehérre vált
s szememre ezernyi csönd szitál halált
bátran elalszom egy hóvirágon
mert vigyázol rám a túlvilágon
2002. március 12.

Hipnózis

Valaki küldi a villámokat
s házak olvadnak szememben
angyalszárnyaid szívemet marják
gondolatod lélegzik fejemben
Alászállok, múltad zenéje éget
utcányi emlék koldul itt messzeséget
szívedben járok már, macskaköves ösvény
tenyerén alszom el.
Fölöttem
dobog a lelked.
Szentjánosbogarak követnek
s én utcalámpák szívével szeretlek.
Fűszálak karcsúsága költözik karodra
csillagmélységek fordulnak vágyaidra
lehetünk bárhol,
leheletvékony a távol.

2004.VII. 31.

Vigyél el egy helyre magadban

Mozart Requiem-jére

Fehér hegedűsikolyok
emberi hangok erdejében
égig vékonyodó fákhoz
ér a leheletnyi éden

Tisztásod pianissimóján járok
bársonyhúr-füveken
rámsóhajt egy C dúr napsugár
mezzoforte kövek gurulnak
míg sziklává dagad a napfény
staccatója itt vibrál fülemen

A trombita mély gondolata hív
a narancssárga égbolton
...
aztán a csend fehér pora hull rám.
Sodorj még magaddal, ősi hullám!

Mandarin

Égi ködbe halva ring
sárgafoltos szalmaing

fölszaggatott gomblyukak
takargatják combjukat

felhőszéli szél szalad
bőrrepesztve szétszakad

számban ízek hamva int
kívánom a mandarint

A puha utca

Egy tegnapnyi csönd csöppent az utcára
arcot rajzolt rá a bíbor bőrű reggel
vigyázok álmaim ünnepi cuccára
felvértezve fénylő angyali sereggel

Benső titkok

Elhízik már szavaim közt a csend
belém folynak visszaszívott álmok
belülről sebzik túl a végtelent
nem hazudnak lejárt valóságot

emlékeim friss húsát szaggatom
s úgy hullatom illatát öledre
észre ne vedd: elvetélt magzatom
zuhan vissza versként e szövegre

2004. május 12.

Ihlet-csönd a súlytalanság küszöbén

Az ég húsának kéklő tengerén
felhőcsónakon érkezik felém
levegő-tiszta gondolatsugár
teremtésbe tépett fényidő-madár

Ne mondd ki
vágyaim átlátszó függönyét!
Hagyd elolvadni a szemhéj alatt
e szellőhímzésű arany alkonyatban!

Szavaimból szövöm
ezeréves repülőszőnyegem.
Rajta áll e vers is. Fehér lábaival egyensúlyoz.
Nem való a hangod ilyen súlyhoz!

2003. szept. 18. – dec.22.

Görög tájkép

Arcom eltolódik Kelet felé
szememről lepereg a látvány
fehér áram kering bőrömön

...

nincs gondolat-
nincs semmi
csak semmi van!
...

Szemem hirtelen nappá alakul
bőröm az ég
orrom jón oszlop
hajam görög tenger

eltolódnak vonásaim Kelet felé
szájam önálló életre kel
a semmi felszínén
elhajózik orrom felett
megízlelni szememben a fényeket

Vonásaimat birtokba veszi a Kelet
nyelvemre simul a képzelet

2003. április 4.

Benső szelek

Szelíd szúró szélű tejút
kanyarodik homlokomra
rendeződnek vonásaim
orrom karcsú homokóra

zene nyit ma nekem lángot
levegőt hasít a dallam
nem érzem a valóságot
felgyújt minden pillanatban

elolt fény-friss virradatban

2004. május

Titok-tudat

égi íze lángnyi csöndnek
földi zöldje égi földnek
hívó hangja hattyú holdnak
élénk eszű mosoly- foltnak
ez voltál e versnyi tájban
áttetszően ringsz a fáj-ban
létem jégtavára tévedsz
álmom alatt mélyen ébredsz
titkaimból gyönyört faragsz
nyakad szép bástyájára raksz
engem és az elmúlásom
emlékképed égre ásom
én kis kegyetlen varázsom

2004-2006

Templom a viharban

Ahogy a szél sepri a viharfényt az égre
úgy vágyom én is az örök mindenségre
színek tisztított vize csordul a dombokon
minden egyes cseppje vérerernmel rokon
elhagyatott templom viharban lebegő
pedig úgy kell Isten akár a levegő

Száguldás

Belém hasít a messzi kőég
gömbölyü szárnyait fésüli csend
marok-magányba fordul ő még
szobra a szívszavú százszívű Rend

Kinyitnak égő szirmú tájak
szédülök szélszemű éjbe Dalol
szelíd mosolyba ringva szájad
Felszabadulva a börtön alól

2004-2006

Egymás szemében

Csendszélre töltött öröm
ujjamról letörött köröm...

Adjak egy harapást a csendből?
Hány ezer szótagú rendből
nőnek ki újra a falak?
Kéne a semmiből ó még egy falat.

Ajtónyitásnyi öröklét
fényszilánkok a fekete égen.

Mondd hányszor jön el még értünk
csak velünk tanul meg élni az éden?

2002. május 19.

Forgás

Sebet hasítok ma
tegnapok kőfalán
szétrobban a dogma
évszakokra talán?
Vérzik az emléke
elvérzik a hangban
vissza szálló létbe
mélyül így a dallam
Bársony-bélű emlék
bordó bőrű nemlét
üvöltésbe hulltan
miért égetsz múltam?
Változást akartam
s kiégett a csendem
álarcodba varrtan
felismersz ma engem?

2004. május 12.

Csendszárnyú madár

Csendszárnyú madár a lelkem
méhében dalokra leltem
fején már fehér az értelem
tollamban lakik a végtelen

2004. január 7.

Lélek a tájban

Faágakon csüng a napfény arcú táj
az őz-szemű égen lélek jár
jár valaki
a domboknak egy angyaltestű seb fáj
a bársonybőrű mező körbe zár
földbe zár

Ringató

Ringat az ősi varázs
partjai éteri fénynek
rímei régi reménynek
értelem-arcú a rács

űri hiányban az éj
átragyog égi magányon
talpam alatt eme lábnyom
fékez: a csönd ima-mély

Két sor

Két gondolat közötti résben
figyelj magadra ébren

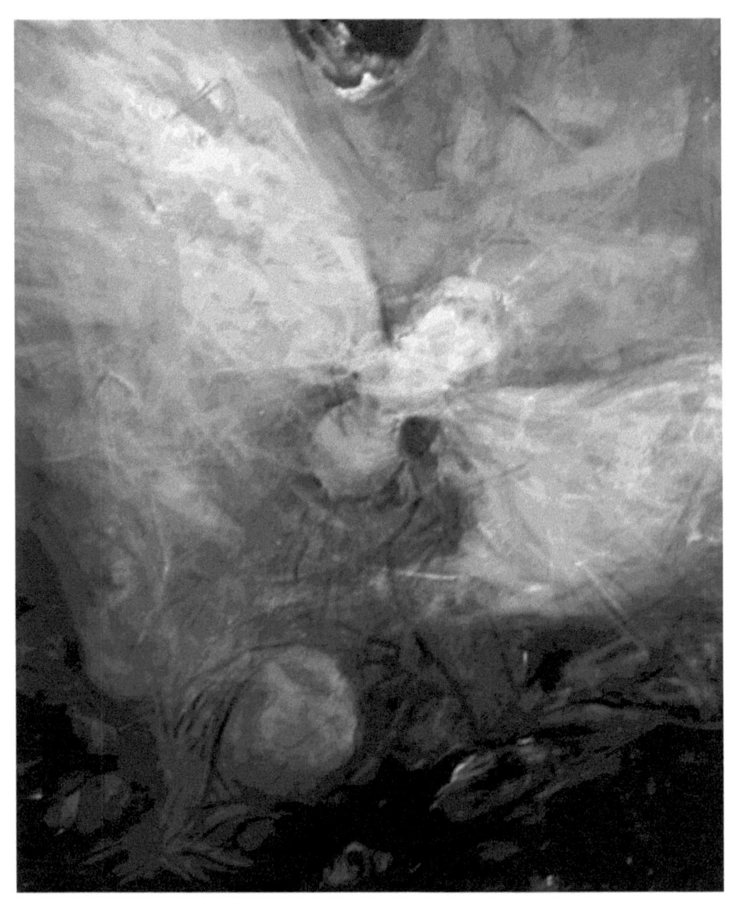

Hipnózistalanul
Térkép a végtelenbe

Rajta! Ébredj fel életedből!
Egy élő árnyék ide csendül
a csillogó idő-csendből

üzen egy élőlény
aki valaha te voltál
és halkul a hangja a keresztnek
ásít a múltban egy oltár
felébred egy elégetett eretnek

Ilyenkor mindig
leereszkedik
a hipnotizált rendből
egy rendőr
Figyeli
nehogy észre vedd hogy
teremtett világban élsz
és teremtve vagy!
Mert ha feléledtél
ál-tudatú emberek rengetege
védi hamis világát a valóságtól
fél majd tőled s kicsinálna
mert te már felébredtél a mába
és átlátod őket hogy mind kába
fél álomban éli le életét

Ide csendül
az idő csendből
(az idősebből)
a Harmadik Szem

Kint vagy?
vagy bent vagy még álmaidban?
Írj nekem és megjelenek azonnal

Messze távol
a valóságtól
elveszted a fonalat a mából
nem figyeled, hogy mit sugároznak
a kíváncsi csatornából?

Éget a tűz jel
tátog az árok

Ikarusz, a vén nap
testedbe szivárog

Kinyílt a napfény
a felhőkből a folyosóra
visszaröpíti a filmedet
gyerekkor ízű a homokóra

Levegő-édes játék a térben
szemek figyelnek ébren

Tű-rés határ

Táncolj táncolj
messze a valóságtól
hagyd, hogy a fák pora hordja
arcod a holdra

(és tested máshol émelyegjen)

A levegő pillanatnyilag üres és tiszta
elmondja neked hogy hova térj vissza

mától élj melegben
élj Egekben!
Az idő alagúton
Őscsend ül
finom rezgései betöltik a teret
amibe kívánkozo
Gyere és érkezz meg álmaidba
Brahman a valóság
a világ káprázat
és a lélek: Brahman nem egyéb
Ádám és Éva kora él
lelkeink születése

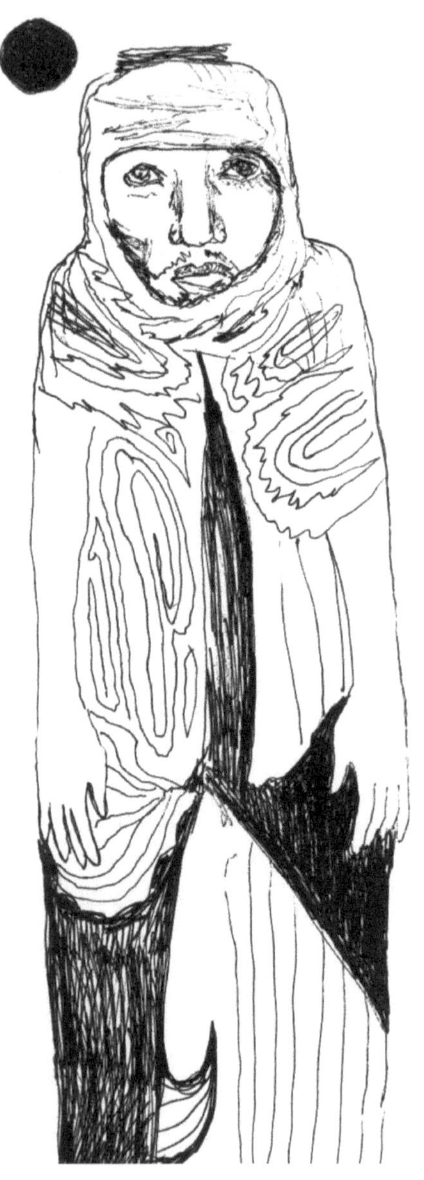

Millió fák első lüktetése

Éva és Ádám
szellemgomba hátán
Isten fénye láttán
pusztulj tőlünk sátán!

Szemráncaimba ütközött
a holdhosszú tejsugár tisztító fénye

Kulcs-kemény inda
Őserdő-mély ima
ködkereszted sima

Lépj be legmélyebb álmaidba
a nap testedbe szivárog
nézz be az elolvadt szavaidba
mert ott tátog egy miniatűr árok
ahonnan az űr mélyébe látok
míg szavam szegzem rátok

Alvó arcodon halványodó számok
lélegzenek az álmok
akik el voltak innen számtalanítva
de elrejti majd alakjuk egy árok
ami a múltat vissza szívta

Lépj be legmélyebb álmaidba
és beszélgess Istennel!

Átvonz a fémliget
harmata fény-hideg

hangod már égő szalmainda

éld át az első születésed
élénken ébred a szívverésed
erősödik már a színezésed

kifinomultan ébredsz át a valóságba

éget a tűzjel
tátog az árok
Ikarusz a vén nap
testedbe szivárog

szétvet a szűz tej
szállnak a lányok
Ikarusz ne légy vak
testedbe látok!

Lelked a légen
szárnyad az égen
szemed a jégen?

Napba szálló lény
tengerbe áslak
bőrödig rágok
mondják a rákok

Szemed ma szén-mag
túlélnéd bárcsak...

Alma-égés
tölgyfa-rágás
borjú-bégés
varjú-rázás

szarvas-hideg
farkas-fázás

Átvonz a fémliget
harmata fény-hideg
bőrödön álmok
Holdkeringés
hullám-ingás
szalma-hímzés
szellem-ringás

ide értek a lélek-rázó átolvadások
és életbizsergető átébredések
csinosan mélyednek az éterbe a rések
Csinosan mélyednek a fészerbe a kések

Pillangó pulzusok
remegnek
a teremtett első éjszakáján
az őserdőnek

beléjük dereng
a tudatom

angyali ágak simogatása
Ősanya-vágyak cirógatása
... vagy gondoljak másra?

ül a napfény egy tudat-folton
ezt nézem folyton

angyali ágak simogatása
Ősanya-vágyak cirógatása
... vagy gondoljak másra?

WAITING FOR THE GOD

Ha végzeted felfogod
a folyosó végén vár
végtelen térkép s a mennyország-határ
harmata egy hold hosszú tejsugár
első esőcseppje

Ropog a porcogód
a hangtalan Nincs-ben
életed égeted
de a VÉGTELEN ismer!

Szellemutazásban jártam
de elveszett a bérlet
segíts nekem kérlek

Hó hull
és arcomra tódul
a fehér fa áldása
borul a kásásra

S az ég háló lehelet
önt belé lelkeket

eltűnik a fájdalom
hív az ajtó Most!

gyere és lépj be álmaidba
vár egy szellem-inda

az Őslélek téged most kiszemel
gyere és beszélgess Istennel!

Lélegezz együtt az Éggel
és a Földdel egy ütemben dobogj

egy fényfolyóé legyen minden átcsordulásod

Lépj be Istenbe
és szabad leszel
kerítés mögött
egy árok neszel

Ha majd az ág fő
érintés átjő
veríték végén
Holdúszás-kérvény
És most a születő utazó érzékei tiszták
és szeplőtlenek

Női mell lobban
fájdalom robban
tűz tenyér dobban
érezd át jobban

Első utazó ébredése a születés mögötti álomból

Ne lépj be a keresztbe
kezedet ne szegezd le
mert nevet az első sírásod –
ne légy a saját sírásód!

... keresztbe eressz be...
... meztelen leszek s nesztelen...
Nem! Elemed leszek egy jelben!

Egy elme ébred a mély titokban

Hó hull
és melledre megváltás tódul

Most fényt tanulsz!

A csecsemő még látja a túlvilágot
de rácsodálkozik az életre

Napsugár karján
Tejút ösvényén
mosolyogj pajzán
járj a zenéjén
várj a szegélyén

Alagút alján
szalag-út mélyén
fényt tanulsz pajzán
élvezd veszélyét!

virraszd át éjét
érezd veszélyét...

Az éledező ébredő megismeri a földi világot

Keresztcsönd ringat
sebeket áztat
záporcsepp-minta
bőröd átfáztad

szívd magad mélyre
lélegezz szárnyat!

sétálsz az égen
erdő fölében
éld át mert régen
vágytál rá: Éden!

Zuhog a zápor
szuszog a felhő
túlról majd Gábor
arkangyal eljő!

bolyongsz az űrben
tested a vára
Csillagkapu-kulcs
szemed a zára
zuhanj a mélybe
szállj rá a mára

visszahúzlak ma
a Földi világba

Kint vagy? Vagy bent vagy még álmaidban?
… írj és megjelenek azonnal…

asztrális átcsordulásokban
kint lakunk
álmaink szélén
de kihagy
a trip-agy

a kulcs-kemény igaz város
ajtainál erdő áll most
erdő-zóna tiltva
titok-égbe nyitva

nem engedik be az álmost!

Mert tudatod mélyén lakik egy város
ismered minden kövét
titokban lélegzik benne a lelked
mégis a megváltásod várod
és ha majd újra utcáid járod
éber álmokat üzen köréd
az Isten!

Ülünk egy videoklip-fehér lepedőben
a napmeleg levegőben

boszorkány magzatok fénye
szellem alakok mélye
éber iker lelkek ragyogó éje

Bright midnight aszfalt
tükröződik az elméd végtelen pázsitján

itt állunk bámultan
sorsunkba számoltan

Mit lehet kapni az égboltban?

ég szemek az ékszerek
Az ég szeret

Hópehely érintés
tó kehely ég hintés
egy kundalini kígyó szemének lángja
belefénylett az éjszakába
asszony zokogott míg égett a máglya
mert máglyán égett a lánya

vitrin mögött egy kirakat álarc
bolyong az éjszakában

csak egy tökéletes nap volt
ránk borult az ég kerek napfolt
narancsvirágban úszott az éden
keringve éled a beszédem

Hangkeringés
Hullám ingás
Szellem ringás
Szalma hintés
Alma égés
Tölgyfa rágás
Borjú bégés
Varjú-rázás
Szarvas-hideg
Farkas-fázás

Gyerünk lépj be hipnotizálatlan álmaidba
és lélegezz a levegővel
puha éggel
szőke nappal lassú fényességgel

érintkezz a kövér levű léggel
fehéredj a jéggel

Hangod már égő szalmainda
nézz be az elolvadt szavaidba
szárnyalj a Tejúton átszakítva

lépj be a legmélyebb álmaidba
és beszélgess Istennel

éld át az első születésed
élénken ébred a színezésed
érezd a konduló szívverésed
táncolj a tenyérrel

táncolj a reménnyel

ragyog a fémliget
harmata fémhideg
átvonz a fénysziget

Éget a tűzjel
tátog az árok
Ikarusz a vén nap
testedbe szivárog

szárnyadat tátod
és szájadat rágod
mert árnyadat látod
árnyal a látomás:
Árnyalat-állomás

szétvet a szűz tej
szállnak a lányok
Ikarusz ne légy vak
testedbe látok

lelked a légen
szárnyad az égen

fény elem fehér tudat
félelem-ideg ideg mozdulat
kényelem sziget hópehelytudat

álom-űr hintés tó kehely-varázs
álombőr-szelet hó-meleg darázs

Egy Kundallini kígyónak lángja
bele fénylik a kába
felhőtlen szagú szűk éjszakába
táncolj a fák között
engedd hogy a varázspor
betakarja arcodat

és a meztelen hold
szemedre majd tündérfényt hord

Engedd szabadon magadban a szelet
és tested most máshol émelyegjen
mert viszontlátod
a megváltásod

Rózsaszínben a felső fényben
angyalszárnyú ég reményben
arany árnyú fény edényben
varangy szájú véredényben
bíbor bájú méhlepényben

kígyó-sál alakú betű-hús
... talán nem kéne tudnom mégse...
hogy minek voltam a része

Ki vagy?
itt vagy vagy
bent alszol álmaidban?
Írjál és rögtön megjelenek
de kihagy
a trip-agy
játszanak még az elemek

Megjelenik
rózsaszínben és rózsafényben
arany álmú ég regényben
aranyszárnyú fény edényben

kinyílt a napfény
a felhőkből a folyosóra
óceán magja
élő karcsú homokóra
jósol a jóra

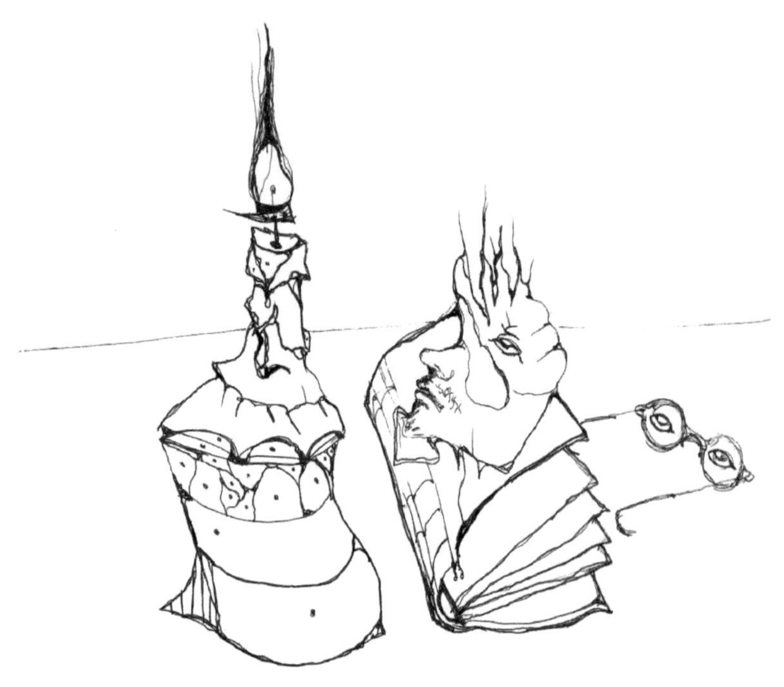

köd édes játék
ázik a térben
éhes a látkép
fázik az éjben
szemek figyelnek
ez itt a hideg rész
masszív kés

Talány-vár
Nézzen beléd a mély-szem
legyél szabadon és készen
mosolyod átsüt a résen
letisztult talány, legyél a részem!

belém lát a szellem-éj személy
tündöklik a fehér kéz-sugár fénye
Isten benne van
a csontjaimban
az érzékszerveimben

fogantatás előtt
csatlakozz az erdő
csontkéreg véréhez
előre gyártott álmaid most levetítheted
harmadik életed előtt
--- rég szívtál levegőt---

lelked még túlvilág-eső hinti
de tested az első fénymozgás szerinti
fájdalom malom segíti
a leszületésbe

kérdések milliói bombázzák
az éjszaka hűvös csendjét

álomtalanság játéka
kiutat keres a mélységekből
Az egyre erősödő tudat
csak dolgozik szüntelenül
és végül elalszik a test
remegéseiben

Látom amit Isten akar hogy lássak
és mellém szegődnek a társak
köztes forrás vagyok amin keresztül mindketten
odajutunk a fémligetben
ahova magam várom

ahol köztes halálom találom
valami azt súgja: három

Külvilág távol
a belvilág tágul
hullám üt hátul
vonz ez az álom

át a határon
bérletem nálam
nyílik a szárnyam

bennem a múltam
üvöltést tanultam
külön késbe hulltan
halálon túl voltam
érzem illatomat
ott vágtat és tolat
egy lélekvivő vonat
agyamon keresztül
egy kereszt ül

érzem illatomat
ott vágtat és tolat
és lüktet a vonat
illat-automata
terjed a zamata

hideg fémliget hív
rideg fény utakon
égő felhőket szív
egy most született majom

hipnotikus malom
vonz ez az álom
át a határon
ott vágtat és tolat
egy most született vonat

Rózsaszínben és rózsafényben
rózsaszélen és Dózsa mélyen
varangy réten vagy Arany égen
te vagy a részlet az éber éjben
de kihagy a készlet a végveszélyben

írok és látlak
megjelensz azonnal
gomba erdőben tölgyfa város
nyirkos időben országúti szonda szálldos
de lábamnál egy erdő áll most
lávaerdő leve jár most
kergeti az éber álmost

fekszenek ketten egy fotelben
fehér levegő motelben
és érzelmeik olvadnak a falakra
százfarkú óriás moszat
ne vedd el az álmokat
melléd szegődik a fény-evő manó

Hópehely-érintés
fehér a rés
tó kehely ég hintés
elér a kés
félelem hideg ideg mozdulat
vágyik rád a fény liget tudat

félelem fék
ami feltörte az éjszaka végtelen színeit
csend kalács kövéredik
a fűben ma melléd

írok és látlak
megjelensz azonnal
de valamit mindig az időből kihagyok:
Körbeölelsz és megértem ki vagyok.

Láng nélküli tűz

Milyen a nap ég nélkül
milyen az ég kék nélkül
milyen a fű zöld nélkül
milyen az űr föld nélkül?

Olyan vagyok nézd
olyan vagyok nélküled
Olyan vagyok nézd
olyan vagyok nélküled

mint a láng nélküli tűz
mint a víz nélküli tenger
mit a szó a szemedbe űz
mit a csönd a szívedbe ver.

2002. június 24.

Egyetlenegy arc

Mint kút mélyén tündöklő pénzdarab
amibe a rozsda beleharap
olyan ma a sápadt hold az égen
olyan a villogás zöld szemében
mindig félek nehogy elrontsa őt a táj
minden rezdülése irtózatosan fáj
belopózom hozzá szemei közt várok
homlokán ott az a hallgatásnyi árok...
bőröm bársonybarlangján át belevésem
emlékébe első ősi születésem
ahogy az alkony könyököl ki az égre
állok szavaiban csontomig elégve
testem elveszítem az ibolya-fényen
utazom Istenhez sejthosszú reményen
mégis féltem azt az árva szelídséget
amit szavaival most már belém éget
őrzöm itt jövőnk s a talpalatnyi eget
szemeiben úszó apró kis felleget
miatta dajkálom még mindig a csöndet
mert a homlokomon csodás neve csönget
szelíden csillogó ez a végtelen név
ezüst szellemével ötszázmillió év
lép rám mint a tündöklő pénzdarab
amibe a rozsda beleharap
halkul már a sárga hold az égen
fénylik az idő az éj szemében

2002. július 9.

Angyalmező

Minden félelem elolvadt
mint a világűr hiánya
angyalmező lépdel oldalt
valóságba tart iránya

Várakozás

A csend meghámozza
agyadat mosolyogva
és kirajzolódik a térben
gondolataid térképe

Valaki

Valaki letörölte angyalok lábnyomát az égről
hogy vigyázzanak ránk láthatatlanul
meséket mondott az ősi mindenségről
amiben a lelkünk Istentől tanul

Kerestelek

Rád borulok mint egy fátyol,
fényed érinti a testem.
Évmilliók tüze éget,
ezt a fényt én úgy kerestem.
Sötét erdő-mélybe estem,
vizek szárnyán tovább szálltam,
fájdalmak vérén hajózva
sebem partján reád vártam.
Holdbéli hiányban háltam
s napsugarakra ébredtem.
Ezer karral úgy ölellek
eggyé váljunk most már ketten.
Örökre letelepedtem
lelked mélyén. Otthon vagyok.
Minden hangod bennem landol,
minden szavam benned ragyog

Épülj körém

Lassan simulj rám majd mint az álom
szempillád mögül lássam a hajnalt
hol minden létemet megtalálom.
Úgy foganj meg bennem, mint a harmat.
Épülj körém örök szavaiddal,
ahogy a Föld köré levegőt építettél,
hogy ne haljak újra szomjan e csöndben.
Tégy úgy, mint mikor még itattál, etettél,
hogy ne haljak újra éhen e csöndben.
Égi ágak kusza rendjét,
fehér hólepte kelengyét,
álomszirom csobbanását,
tisztítótűz lobbanását,
Adjál nekem ezer évet.
Mindenhonnan magány éget,
takard rám a békességet.
És ha végleg nem adhatsz mást,
minden évben, ha megéred,
legalább egy föltámadást.
Lelkem partján tájat építek belőled
de itt minden nap szelek kaszálnak
hosszú folyosón lakik a bánat
és te még mindig nem ide érkezel.
Úgy épülj kőrém szorosan,
hogy higgyem el végre: létezel!

Béke

Az emberek kavargó mozdulatok
elfújja őket a csend
Az ég örökre arcomon ragyog
Odafönt és Idebent

Kapcsolat

Őszinte az ima
amikor az űrbe érnek a szavak
elúszom az angyalillatú fénybe...
ami ide téved
és ami belőlem marad
látomások varázsolnak halhatatlanná
Téged

2009. március 22.

Dal

Kezdem lassan megszokni hogy a kéz
és a gondolat imára készen
de a szemen már nincs az a csillogás
s a száj is már egészen, egészen...

a fejtető a fényre vágyik
de itt csak gondolat világít
ahogy az égre fordul a kéz
és a tekintet a semmibe néz
imára írja át magát a lélek

2002. július 16.

A festő

Nem adom én nem eresztem el ezt a világot!
fűszálak tavaszát falevelek őszét a lehajló csontos téli ágat...
nem adom nem eresztem el a csodákat!
zúg a rádió
tél-fekete rekedt hangján az idő átzörög
de a narancsnapsugár örök
nyüszít a telefon
a vihar ott a másik oldalon
és a vállamon
nekem kell a napfényt hordanom

Tájkép

Sötét levegővel megkent házak
szorítják el a bentlakókat
elzárt szobák avas csomagjait
ételszagú tányérok romjait

a házak körül kinyílik a táj
térképekbe mászó bölcsességgel
villámfüstben izzik ez az éj
csillagcsendről álmodik a mély

országutak szövik át az álmát
szürke karjuk százfelé szalad
ezüsthabú mérföldköveken túl
sóhajösvények sebe kondul

a mélység partjaira a vágyak
tüzes bogzódó bokrokat ástak
s az ég húsába belevág egy törvény:
maradj itt e kétszínű tájban
NE bújj el feketén figyelő halálban!

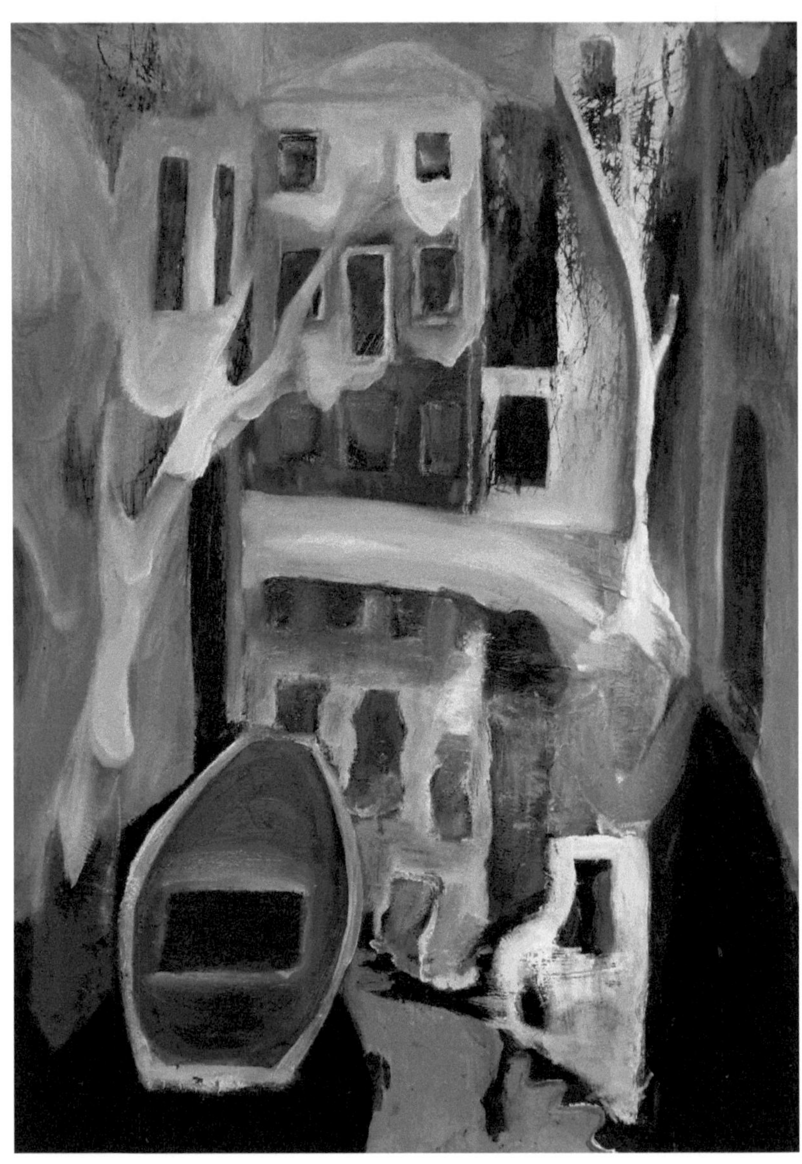

Én téged örökre

én téged örökre
én téged régen
amióta csillagok
laknak fönt az égen

tenyérnyi magányból
császárként kikelve
öreg lelkemben
megtisztulást lelve

én téged őrülten
én téged bután
varázsba kövülve
szótlanság után

én neked mindent
én neked örökre
ahogy az ég beszél
halkan mennydörögve

én téged királyként
teljes önmagammal
halálom napján túl
szívemmel szavammal

Békeima

Mondd ma mi az érték
s ha van mivel mérték
árát kitől kérték
Adj Uram a földnek békét
embereknek a hit ékét
egyetértést a hitben
ősi szeretetet itt benn
Álmodozó délibábok falán
feldereng a találgató Talán
a szavak között
hazaszaladnak a gondolatok

Gondolatfolyamok

Gondolatfolyamok partjainál
pontosan térdeplő valóság
A kövek büszkén mutogatják a napnak színüket
fellélegezhet a megnyugvás

Gondolatfolyamok partjainál
pontosan térdeplő megnyugvás
A hold büszkén mutogatja a napnak a fényét
fellélegezhet a valóság

Pálmafavers

Álmok pálmafaágai alatt
csobog egy emléknyi időpatak
benne borzongnak csenddel telt szavak
a mondatok gyöngysora elszakadt
ragyogásukból ez a vers maradt
sistergő mozdulatokkal simul
a tájon a hold árnyéka kigyúl
suttogásig érlelődött beszéd
atomjai hulltak most szerteszét
nézem a pálmafák völgyterpeszét
s festményemről írom ezt a mesét
örülnék ha azt mondanád: de szép!

2015.12.30

Valóság

Hiszem hogy amit hiszek hihető
Sőt nemcsak hihető, igaz!
Hogy a kényszerű valóság ellen
Nemcsak az ágy-puha álom vigasz.
Kibontom gubancos képzeletemet
És minden kétkedést lassan eltemet

The Doors alkímia

Bezárom a szenvedés ajtóit
nem akarok szenvedni és szenvedtetni
bezárom a szenvedés ajtóit

Bezárom a fájdalom ajtóit
nem akarok fájni és fájatni
bezárom a fájdalom ajtóit

Kinyitom a napsugár ajtóit
akarok ragyogni s ragyogtatni
kinyitom a napsugár ajtóit

Nyitogatom létsíkok ajtóit
csak akarok élni s élni hagyni
nyitogatom létsíkok ajtóit

Tenyeremben idő rések hangja
csak akarok látni és láttatni
tenyeremben idő rések hangja

Talpam alatt görbülni kezd a tér
csak akarok bolygók közt utazni
talpam alatt görbülni kezd a tér

Pupillámban arannyá vált a fény
csak akarok jelekben olvasni
pupillámban arannyá vált a fény

2012 május 8-9.

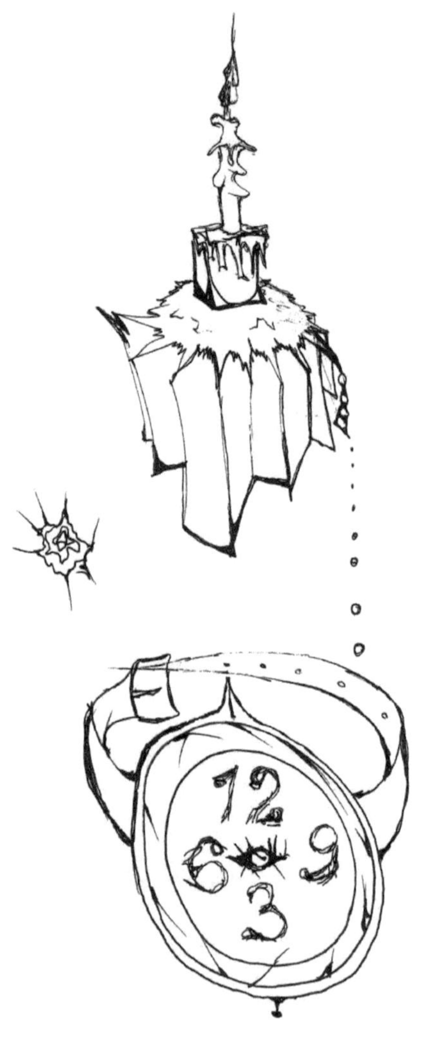
12
6
9
3

A Tenger igézete

Hozd el nekem a tengert
még örökzöld álmaimban lebeg
Hozd el nekem a végtelen tengert

előbb úszni tanuljon meg a gyerek

Hadd éljem át végre ébren
ahogy átölel az éden
korallzátony fotelében

szilárdan kell állj a szélben

a lélekkapu újra lebben
haltej legyek tengeredben

előbb erőd legyen rendben
bízz meg örök emberedben

küldd szemembe a végtelen kéked
hadd lássam a titok-mély igéket

a gyereket nézd még csak lépked

Homokpart a bőröd ránca
hullámhajad sellők tánca

vigyázz nagyon ez csak álca

kíváncsiság sivatagjában élek
tengert súrló napod újra éget
száraz vízben fürdik itt a lélek

hangod most még hiába kérlel
vérző vizem lelkedben nem fér el
de tengertestem szemedbe öntöm
amint elég nagy vagy rögtön

a világ illata érinti bőröm
sósan édes e különös öröm
elfolyik a képzelet tengerén
füstkönnyen szállok fel *... most gyere te belém...*

tanítsd meg az örök szabályt
szívem lükteti a dagályt
dobogás szívja az apályt

az örökzöld ég újra szeret
tengerrel mos felnőtt a gyerek
kék felhőből egy faág leszed
gyöngytó szemű sirályod leszek

Egy modern tájkép balladája

Öreg ember öreg lába
ballag bal a balladába
hegygerincen járva kelve
jobb lábbal a Musicalbe

Festmény övezi az útját
ízlelgeti még a múltját
lábnyomai szín ruhában
álomgyárból hozott mában

Olajfestményszagú jövő
zongorabillentyűn jövő
gondolatok kopogtatnak
van e hely még itt magadnak?

Vélemények csúsznak égre
mikor lesz már csend itt végre?
Musicalnyi embertömeg
sűrű színpadán az öreg

Múltat kóstol jövőbe lát
festményembe szívom szavát
kobaltkékben és lilában
balladába lóg a lábam

A reggel ablaka

A reggel ablaka bezárult
mától hétrét fázik a csend
elszakadt a tegnap takarója

Gondolatolvasás

A gondolatom partjainál álltál
a nap-dicsérte köveken
ahol a szavunk meghátrál
Ott csak érzésem követem
Rám gondoltál
visszagondoltam rád
beszélgettünk…

Pillanat

Ma láttam egy felhőt
hófakasztót tisztát
de arra járt egy felnőtt
s azt suttogtam „viszlát”

Printed by Books on Demand GmbH, Norderstedt / Germany